Pusteblume

Arbeitsheft inklusiv 2

Grundschrift

Erarbeitet von
Christa Johanna Gundt
Karo Roggendorf
Günther Steinberg-Kawentel

Illustriert von
Anja Rieger

Schroedel

Hinweise für Lehrerinnen und Lehrer

Das Pusteblume Arbeitsheft inklusiv bietet für Kinder mit individuellem Förderbedarf zu ausgewählten Inhalten des Pusteblume Sprachbuchs vielfältiges Übungsmaterial.

Sowohl die Inhalte als auch die Struktur des Heftes sind auf die der anderen Pusteblume Arbeitshefte abgestimmt. Somit können alle Kinder zum gleichen Thema und Kompetenzbereich parallel arbeiten.
Die Seiten können auch unabhängig voneinander eingesetzt werden.

Der besondere Förderbedarf der Kinder wird berücksichtigt durch:
- eine angemessene Reduktion der Inhalte
- vielfältige Sinneszugänge
- kooperative Lernformen
- den unterstützenden Einsatz von Aufgabensymbolen und
- eine übersichtliche, klare Seitengestaltung mit großer Schrift.

Das Arbeitsheft inklusiv gliedert sich in folgende Bereiche:

A wie Anfang
Werkstatt: Lernen
Werkstatt: Sprechen und Zuhören
Werkstatt: Texte verfassen
Werkstatt: Richtig schreiben
Werkstatt: Sprache untersuchen
„Was kann ich nun?"-Seiten, Lösungen und ein **Arbeitsplan** ermöglichen den Kindern eine eigenständige Kontrolle und unterstützen bei der Dokumentation des Lern- und Übungsprozesses.

Folgende Aufgabensymbole werden verwendet:

Partnerarbeit	Schreiben
Gruppenarbeit	Verbinden
Sprechen	Malen
Lesen/Sehen	Silben schwingen
Hören	

Hinweise

Inhaltsverzeichnis

A wie Anfang

Werkstatt: Lernen

Werkstatt: Sprechen und Zuhören

Werkstatt: Texte verfassen

Werkstatt: Richtig schreiben

Werkstatt: Sprache untersuchen

Was kann ich nun?

Lösungen

Arbeitsplan

Das kann ich schon 1

1 ✎ Ich heiße: ____________________

2 ✎ Mit deinem Namen kannst du vieles machen.
Stelle ihn auf den Kopf. Schreibe ihn als Treppe.

L L L
U U U
K K K
A A A
S S

3 ✎ Schreibe deinen Namen in Malschrift.

4 ✎ Schreibe deinen Namen in die Drachenschnur.

A wie Anfang

Das kann ich schon 2

1 ✎ Schreibe und male aus, was du kannst.

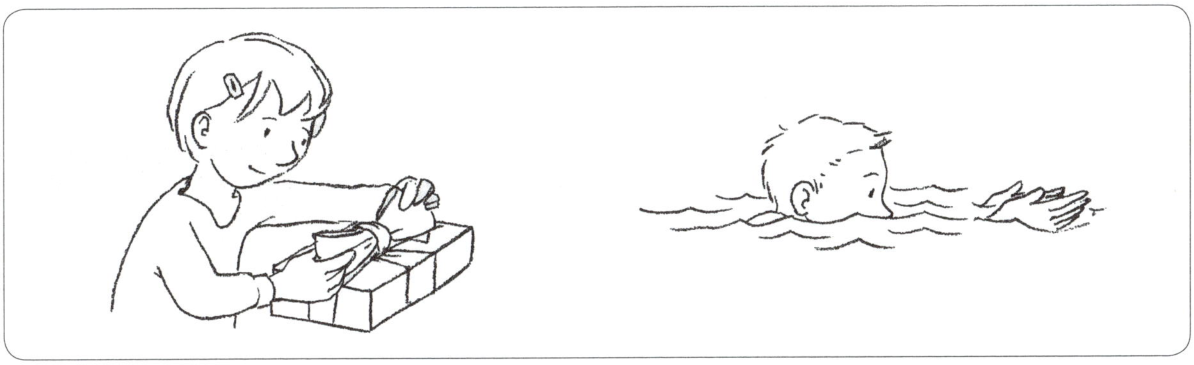

Ich kann ______

2 ✎ Schreibe und male aus, was du kannst.

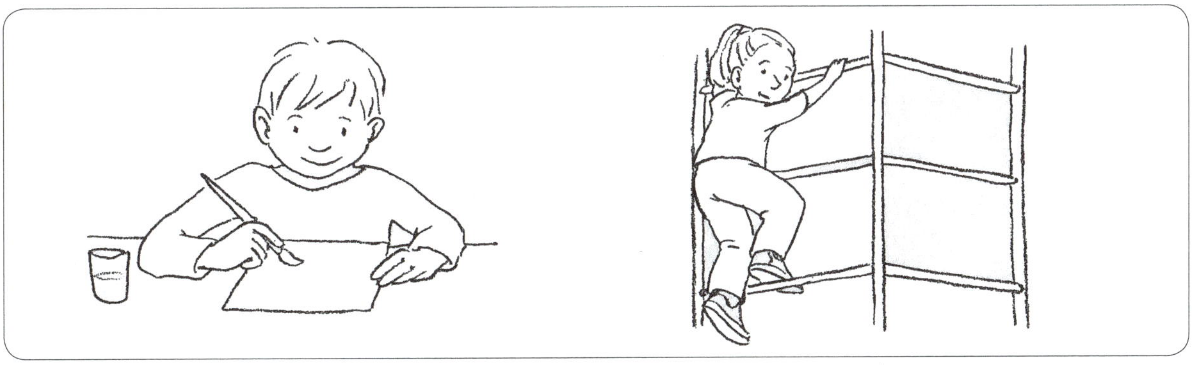

Ich kann ______

3 ✎ Schreibe und male, was du noch kannst.

Ich kann ______ und ______

A wie Anfang

Wörter in Silben zerlegen 1

Sprich die Wörter langsam mit, jede Silbe, Schritt für Schritt.

Merksatz

Du kannst jedes Wort in Silben zerlegen.
Wenn du die Silben tanzt, merkst du noch besser, aus welchen Buchstaben ein Wort besteht.

Lernen

1 Sprich die Wörter langsam.
Gehe bei jeder Silbe einen Schritt weiter nach rechts.
Gehe zuerst einen Schritt für Wörter mit einer Silbe:

Hof   Fuß   Bein   Arm

2 Jetzt gehe für jedes Wort mit zwei Silben zwei Schritte:

Ta-fel   Mu-sik   Schu-le

3 Jetzt musst du bei jedem Wort drei Schritte machen:

Le-se-buch   Schul-ran-zen

4 Nun male für jeden Schritt einen Silbenbogen unter die Wörter in den Aufgaben 1 bis 4.

Wörter in Silben zerlegen 2

1 Sprich die Wörter von Seite 6 noch einmal deutlich in Silben. Male dabei für jede Silbe mit deiner Schreibhand einen großen Silbenbogen in die Luft.

Für jede Silbe einen Schritt nach rechts zur Seite und sprich mit!
Und schwinge dabei elegant ganz große Bögen mit der Hand.

2 Tanze die folgenden Wörter.
Male gleich danach die Silbenbögen unter das Wort.
Sprich dabei noch einmal in Silben mit.

Ton Kreide lesen malen

Pinsel Pausenbrot Silbenbogen

Gesprächsregeln beachten 1

1 Verbinde die Regel mit dem richtigen Bild.

① Ich melde mich.

② Ich spreche,
wenn ich dran bin.

③ Ich höre gut zu und
schaue das Kind an.

2 Beschreibe ein Regelbild.
Dein Partner findet es in seinem Heft.

3 Malt beide das Bild an.

4 Nun tauscht: Dein Partner beschreibt und du hörst zu.

Gesprächsregeln beachten 2

1 ✎ Wer hält sich an die Regel?
Verbinde das Kind mit dem Regelbild.

① Ich melde mich.

② Ich spreche, wenn ich dran bin.

③ Ich höre gut zu und schaue das Kind an.

2 Beschreibe deinem Partner ein Kind aus dem Gesprächskreis.

3 Malt beide das Kind im Bild an. Nun tauscht.

Etwas vorstellen 1

1 Male ein Monster auf das ganze Blatt.

2 Schreibe: Wie ist der Name des Monsters?

Was kann dein Monster?

Sprechen und Zuhören

Etwas vorstellen 2

1 Hänge das Bild deines Monsters von Seite 10 auf.
Stelle dein Monster vor.
Nenne den Namen und erkläre,
was dein Monster kann.

So geht es:

Ich spreche deutlich. → ☺ ←

Ich sehe die Kinder an. → ☺ ←

Ich zeige und erkläre mein Bild. → ☺ ←

2 Male ☺ an, wenn du es so gemacht hast.

Tipp

So kannst du auch Gegenstände oder andere Bilder vorstellen.

Sprechen und Zuhören

Deutlich sprechen, genau zuhören 1

1 Lies das Gedicht.
Verbinde die Zeilen mit den Bildern.
Bewege dich dazu.

Wir

Ich bin ich

und du bist du.

Wenn ich rede,

hörst du zu.

Wenn du sprichst,

dann bin ich still,

weil ich dich verstehen will.

von Irmela Brender

Deutlich sprechen, genau zuhören 2

1 Decke die linke Hälfte der Seite 12 bis zur Linie ab.

2 Betrachte die Bilder.
Mache die Bewegung und sprich dazu.

3 Übe mit einem Partner:
Jeder wählt eine Farbe.
Einer liest laut vor,
der andere macht die Bewegung.
Rot beginnt.

Wir

Ich bin ich
und du bist du.
Wenn ich rede,
hörst du zu.
Wenn du sprichst,
dann bin ich still,
weil ich dich
verstehen will.

Übt 3 mal:

4 Spielt das Gedicht der Klasse vor.

Was hat dir beim Lernen geholfen? Kreuze an.

Bilder ansehen		☐
Bewegungen machen	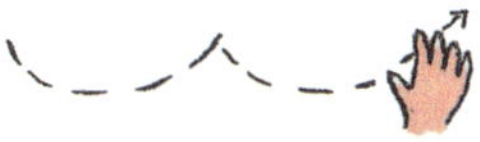	☐
Gedicht oft lesen		☐
Gedicht oft hören		☐

Eine Idee für einen Text entwickeln 1

1 Schreibe oder male deine Ideen zum Thema **Geburtstag** in die Wolken.

Eine 5-Sätze-Geschichte schreiben 1

1 ✎ Ergänze die Sätze.
Du kannst auch Ideen
von Seite 14 nutzen.

Mein Geburtstag

1. Am ______________________ habe ich Geburtstag.
2. Ich werde ______________________ Jahre alt.
3. Ich lade meine ______________________ ein.
4. Ich freue mich auf ______________________ .
5. Ich wünsche mir ______________________ .

2 Male ein Geburtstagsbild.

Eine Idee für einen Text entwickeln 2

1 Male eigene Wolken.

2 Schreibe oder male deine Ideen zum Thema **Ferien** in die Wolken.

Eine 5-Sätze-Geschichte schreiben 2

1 Lies die Geschichte.
Schreibe dann den 5. Satz zu Ende.

Ferien

1. Bald gibt es Ferien.
2. Das ist toll.
3. Ich will lange schlafen.
4. Dann geht die Reise los.
5. Ich freue mich auf ______________________ .

2 Male das Ende der Geschichte.

Eine Ich-Geschichte schreiben

Ein Rondell hat 8 Zeilen.
Die Zeilen 1, 4 und 7 sind gleich.
Die Zeilen 2 und 8 sind auch gleich.
Die Zeilen 3, 5 und 6 kannst du dazu passend ergänzen.

1 Lies das Beispiel.

1. Heute gibt es Pizza.
2. Total lecker.
3. Ich mag Pizza mit Pilzen.
4. Heute gibt es Pizza.
5. Ich decke schnell den Tisch.
6. Es duftet so gut.
7. Heute gibt es Pizza.
8. Total lecker.

2 Schreibe das Rondell zu Ende, ergänze dazu die Lücken.

1. Ich bin ______________________.
2. Ich bin ______________________ Jahre alt.
3. Ich kann ______________________.
4. Ich bin ______________________.
5. Am liebsten ______________________ ich.
6. Besonders gut kann ich ______________________.
7. Ich bin ______________________.
8. Ich bin ______________________ Jahre alt.

3 Lies dein Rondell in der Klasse vor.

Texte verfassen

Eine Ich-Geschichte malen

1 Male ein Bild passend zu deinem Ich-Rondell auf Seite 18.

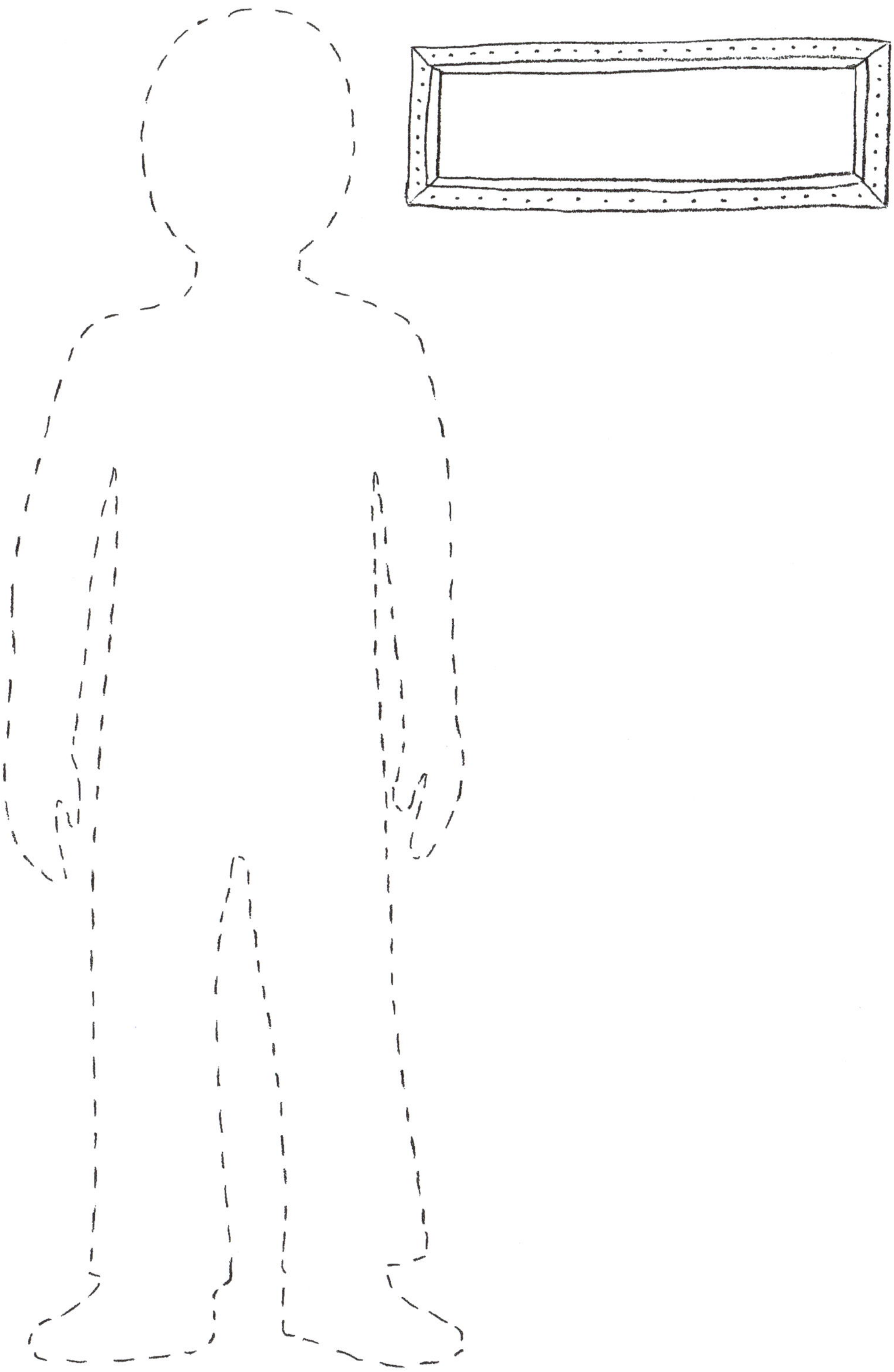

Zu einem Bild schreiben

1 Du bist in einer fremden Stadt unterwegs.
Welche Schilder und Hinweise kannst du lesen?
Schreibe sie auf die Linien unter dem Bild.

Eisdiele,

2 Findest du die Maus?
Schreibe auf, wo sie sich versteckt hat.

Die Maus ist ______________________________

______________________________.

Einen Sachtext lesen

1 Lies den Text: **Wer bin ich?**
Zu welchem Bild passt der Text? Male es aus.
Schreibe den Namen des Tieres auf die Linie.

Wer bin ich?

Ich lebe meistens im **Wasser**.
Bei Sonnenschein sitze ich am Ufer.
Meine Haut ist **grün**.
Ich esse Fliegen und **Mücken**.
Ich kann gut **springen**, **schwimmen**
und **quaken**.

Ich heiße ______________________________.

Texte verfassen

Einen Steckbrief schreiben

1 Beschreibe und
male dein Kuscheltier.

Name: ______________________________

Alter: ______________________________

Wohnort: ______________________________

Farbe: ______________________________

Kleidung: ______________________________

____

Besonderes: ______________________________

____

____

Texte verfassen

Eine Suchanzeige schreiben

1 Du hast deinen Turnbeutel verloren.
Beschreibe und male ihn.

Mein Turnbeutel sieht so aus:

Farbe: ______

Verschluss: ______

Aufschrift: ______

______

Inhalt: ______

Besonderheiten: ______

______

Verloren am: ______

Wer ihn findet, bitte melden bei:

Name: ______ Klasse: ______

Texte verfassen

Selbstlaute erkennen 1

Merksatz

A/a, E/e, I/i, O/o, U/u sind Selbstlaute.

Ein Selbstlaut klingt von selbst schon toll, durch ihn wird jedes Wort erst voll.

1 Finde die Selbstlaute und kreise sie rot ein.

A B C D E F G H I J K L M

N O P Q R S T U V W X Y Z

2 Setze die passenden Selbstlaute ein.

___ meise 

___ ma 

___ lefant 

___ -Boot 

___ gel 

3 Finde die Selbstlaute und kreise sie rot ein.

a b c d e f g h i j k l m

n o p q r s t u v w x y z

Richtig schreiben

Selbstlaute erkennen 2

1 ✎ Setze die fehlenden Selbstlaute ein.

W ___ l 

Sch ___ f 

H ___ hn 

D ___ n ___ 

T ___ ger 

H ___ nd 

V ___ gel 

Fr ___ sch 

Z ___ br ___ 

Ent ___ 

F ___ sch 

Fl ___ h 

K ___ h 

L ___ m ___ 

R ___ h 

K ___ tze 

Mitlaute erkennen 1

Merksatz

Die meisten Buchstaben sind Mitlaute.

Ein Mitlaut klingt alleine schwach,
mit einem Selbstlaut macht er Krach!

1 ✎ Finde die Mitlaute und kreise sie grün ein.

A (B) C D E F G H I J K L M

N O P Q R S T U V W X Y Z

2 ✎ Setze die fehlenden Mitlaute ein.

____ us  ____ ashorn 

____ eft  ____ afel 

____ erze  ____ ug 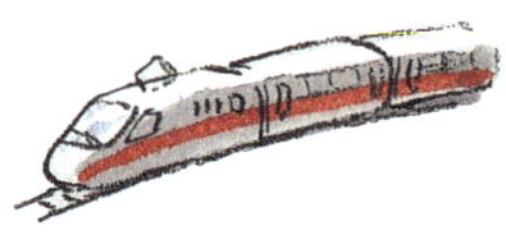

____ asser  ____ usik 

____ äger  ____ inger 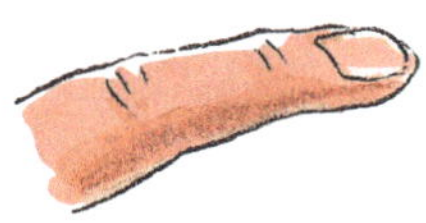

Mitlaute erkennen 2

1 ✎ Finde die Mitlaute und kreise sie grün ein.

a (b) c d e f g h i j k l m

n o p q r s t u v w x y z

2 ✎ Setze die fehlenden Mitlaute ein.

La ___ a 

Ha ___ e 

Ra ___ e 

Fe ___ er 

He ___ e 

So ___ a 

Ti ___ er 

Sche ___ e 

Ta ___ el 

Ka ___ u 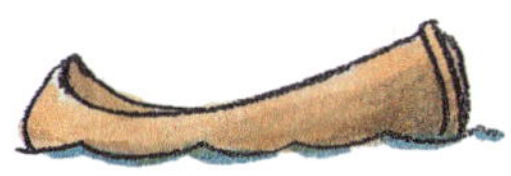

Lu ___ e 

Lö ___ e 

U ___ u 

Bo ___ e 

Kro ___ odil 

Au ___ o 

Wörter in Silben zerlegen 1

In jeder Silbe, schau gut hin,
ist garantiert ein Selbstlaut drin.

1 ✎ Kreise die Selbstlaute grün ein.

Di no	Pu ma	Ze bra
La ma	Kuh	Nas horn
Ka mel	Kro ko dil	Ti ger

2 Tanze die Wörter und male Silbenbögen darunter.
✎ Überprüfe anschließend: Ist in jeder Silbe ein Selbstlaut? Kreise ihn grün ein.

Wal	Fisch	Biber	Panda
Uhu	Igel	Esel	Elefant
Kakadu	Pinguin	Antilope	

Richtig schreiben

Wörter in Silben zerlegen 2

In jeder Silbe, schau gut hin,
ist garantiert ein Selbstlaut drin.
Es können auch mal zwei sein,
oder einer ganz allein.

1 Verbinde die passenden Silben zu einem Wort.

Ra — sen

E

Bäu

Scha

Kin

fe

der

sel

me

2 Schreibe diese Wörter auf.
Male Silbenbögen darunter.

Rasen

Wörter in Silben zerlegen 3

1 Male Silbenbögen unter die Wörter.
Schreibe die Wörter in die passenden Gehege.
Hake sie dann ab.

Zebra ✓	Känguru	Wolf
Bär	Kamel	Lama
Giraffe	Antilope	Elefant

Richtig schreiben

Wörter in Silben zerlegen 4

1 ✎ Gib den Schiffen Namen. Der Name soll so viele Silben haben wie die Silben-Wellen unter dem Schiff.

Silben sprechen

Sprich beim Schreiben langsam mit, jede Silbe, Schritt für Schritt.

Merksatz

Wenn eine Silbe mit einem Selbstlaut aufhört, bleibt der Mund am Ende offen.

1 Sprich die folgenden Wörter.
Achte auf deinen Mund.

Schnee Ki-no La-ma

Merksatz

Wenn eine Silbe mit einem Mitlaut aufhört, geht der Mund am Ende meistens zu.

2 Sprich die folgenden Wörter.
Achte auf deinen Mund.

Schaf Arm kalt

3 Ist die Silbe offen oder geschlossen? Verbinde.

Fa Mi Kin Bun

Du Gem Po Laf Hup

Silben sprechen – Silben schreiben

Merksatz

Manchmal treffen sich in einem Wort
zwei gleiche Mitlaute (ff, pp, mm, nn, ...).
Wenn du genau mitsprichst, kannst du beide hören.

1 Sprich die Wörter langsam und deutlich.
Male beim Sprechen die Silbenbögen.

Him mel Tel ler Wip pe

2 Fehlt ein Mitlaut oder fehlen zwei?
Sprich deutlich mit. Schreibe dann einen oder zwei Buchstaben in die Lücke.

Ta ____ el (f oder ff?) 

Ke ____ e (t oder tt?) 

Bri ____ e (l oder ll?) 

Lu ____ e (p oder pp?) 

Wörter verlängern 1

Merksatz

Wenn ein Wort am Ende wie *p*, *t* oder *k* klingt, wird es trotzdem manchmal mit *b*, *d* oder *g* geschrieben. Damit du weißt, welcher Buchstabe am Schluss richtig ist, musst du das Wort verlängern.

Hun ?	verlängern	Hunde	deshalb	Hund
Zwer ?	verlängern	Zwerge	deshalb	Zwerg
Sta ?	verlängern	Stäbe	deshalb	Stab
Wan ?	verlängern	Wände	deshalb	Wand

1 Male unter *Zwerge*, *Stäbe* und *Wände* die fehlenden Silbenbögen.
Sprich dabei langsam in Silben mit.

Wörter verlängern 2

1 ✎ Verlängere das Wort.

2 ◡◡ Male Silbenbögen und schreibe dann das Wort.

Ber ___ : g oder k?

verlängern → Berge ______ deshalb → Berg ______

Kin ___ : d oder t?

verlängern → ______ deshalb → ______

Die ___ : b oder p?

verlängern → ______ deshalb → ______

Hu ___ : d oder t?

verlängern → ______ deshalb → ______

Schran ___ : g oder k?

verlängern → ______ deshalb → ______

Boo ___ : d oder t?

verlängern → ______ deshalb → ______

Sprache untersuchen

Große und kleine Buchstaben verwenden 1

1 ✎ Verbinde: Welche Buchstaben gehören zusammen?

A G M W H N

h m a w n g

b e r d f t k p

E D F B P K R T

D R B Z W G A X J F S I L

b d w r z x j g a i l f s

D a e T u j G S p C N

A E d J t g U c n P s

Große und kleine Buchstaben verwenden 2

1 ✎ Ergänze den fehlenden großen oder kleinen Buchstaben.

B b	F ___	G ___	K ___	L ___
M ___	D ___	H ___	E ___	Z ___
P ___	R ___	T ___	A ___	G ___

D d	___ s	___ h	___ n	___ p
___ b	___ w	___ k	___ m	___ f
___ g	___ t	___ a	___ i	___ e

A a	K ___	___ d	___ m	L ___
___ z	G ___	___ h	R ___	___ n
___ r	___ i	B ___	Z ___	J ___

Kontrolliere hier:

A a
B b
C c
D d
E e
F f
G g
H h
I i
J j
K k
L l
M m
N n
O o
P p
Q q
R r
S s
T t
U u
V v
W w
X x
Y y
Z z

Namen großschreiben

Merksatz

Namen für **Dinge**, **Tiere**, **Menschen**
sind sehr wichtig.
Schreib' sie **groß am Anfang**,
das ist richtig.

1 ✎ Schreibe deinen Namen nur in großen Buchstaben.

2 ✎ Schreibe nun deinen Namen richtig:
Nur der 1. Buchstabe wird großgeschrieben.

3 ✎ Schreibe richtig mit großen und kleinen Buchstaben.

TISCH

Tisch

AUTO

MAUS

BAUM

Nomen finden

Merksatz

Namen für Dinge, Tiere, Menschen
nennt man Nomen.
Nomen schreibe ich am **A**nfang groß.

1 ✎ Nimm drei Klebezettel und suche Nomen in der Klasse.
Schreibe die Nomen richtig auf die Zettel und klebe sie auf die Dinge.

2 ✎ Kreise ein: Dinge grün, Tiere blau, Menschen rot

3 ✎ Schreibe das Nomen richtig in die Tabelle.
Streiche das Bild durch, wenn du das Nomen geschrieben hast.

Dinge	Tiere	Menschen
Auto	Maus	Zwerg

Nomen am Artikel erkennen

Merksatz

Nomen können Begleiter (Artikel) haben.
Begleiter sind: *der*, *die*, *das*

1 ✎ Schreibe die Nomen mit Begleiter richtig auf.

 der Käse

2 👁 Schau dich um und finde vier Nomen.
✎ Schreibe sie richtig mit Begleiter auf.

das Fenster

Nomen in Einzahl und Mehrzahl verwenden

Merksatz

Nomen können einmal da sein:
die Hand **Einzahl**

Nomen können mehrmals da sein:
die Hände **Mehrzahl**

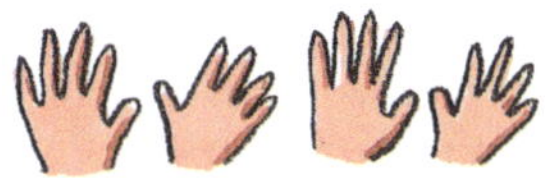

1 ✎ Schreibe die Nomen richtig hinter die Bilder.

Komische Tiere

 das Haar ______

 die Haare ______

 ______ ______

 ______ ______

 ______ ______

 ______ ______

 ______ ______

 ______ ______

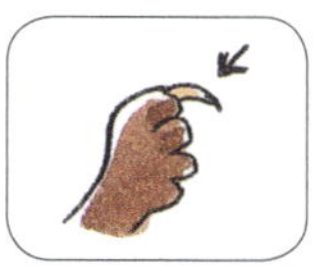 ______ ______

 ______ ______

 ______ ______

 ______ ______

Sprache untersuchen

Nomen zusammensetzen

Merksatz

Wenn du etwas genau sagen willst,
kannst du zwei Nomen zusammensetzen.

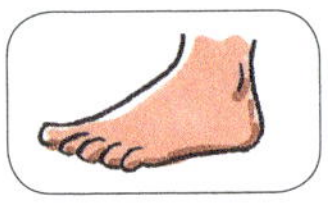  

der **Fuß** + der **Ball** = der **Fußball**

Dann hast du ein neues Nomen.
Nur der 1. Buchstabe wird großgeschrieben.
Alle anderen Buchstaben schreibst du klein,
dazwischen darf keine Lücke sein.

1 ✎ Setze die Nomen zusammen.

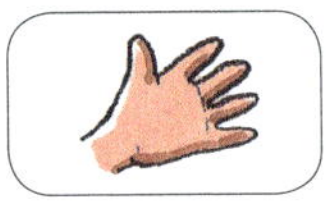  

__________ + __________ = __________

__________ + __________ = __________

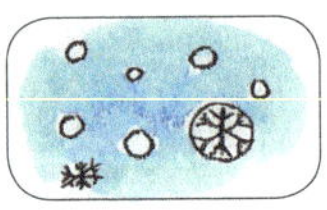 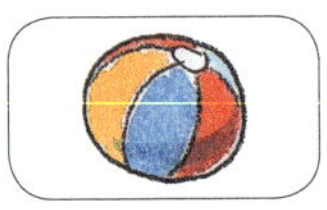 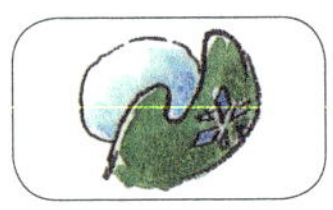

__________ + __________ = __________

__________ + __________ = __________

Nomen erkennen

Tipp

Diese Fragen helfen dir,
Nomen zu erkennen:
Ist es ein Name für ein Ding,
Tier oder einen Menschen?
Hat das Wort einen Begleiter?
Gibt es auch mehrere davon?

Auto

der | die | das

1 ✎ Schreibe die Wörter richtig mit großen und kleinen Buchstaben.

BALL ______________________

UND ______________________

HUND ______________________

HAUS ______________________

LAUFEN ______________________

Du brauchst nur 3 große Buchstaben!

2 ✎ Schreibe den Satz richtig.
Du brauchst nur 2 große Buchstaben.
Es gibt zwei Nomen.

LUKAS NIMMT EINEN BALL.

__________ __________ __________ __________.

Verben erkennen

Merksatz

Verben sagen, was man **tun** kann.

1 ✎ Was wollen die Kindern in den Ferien tun?
Trage das passende Verb ein.

lesen hüpfen schwimmen bauen schlafen

Mia will lange  ______________________ .

Jan will  ______________________ .

Timo will  ______________________ .

Lina will  ______________________ .

Leo will  ______________________ .

2 ✎ Trage die passenden Verben ein.
Tipp: Es entstehen Reime.

lutschen kaufen pennen

Auf dem Spielplatz

Lia und Lea wollen rutschen,
Tom und Tino lieber ein Eis ______________________ .

Nele und Niko wollen rennen,
Ben und Belo lieber im Zelt ______________________ .

Mats und Mia wollen eine Runde laufen.
Emil und Emma wollen eine Limo ______________________ .

Verben in Sätzen verändern

Merksatz

Verben können sich verändern.

1 Trage die passenden Verben ein.
Auf dem Bild kannst du sehen, was passiert.

weint	brummt

Die Biene summt. Die Sonne scheint.

Der Bär ______________. Das Baby ______________.

2 Trage die passenden Verben ein.

spiele	spielen	spielt

Spielen ist toll.

Alle ______________ gern.

Ich ______________ am liebsten mit dem Ball.

Lina ______________ am liebsten draußen.

3 Male und schreibe,
was du gar nicht gern tust.

Ich ______________

____

gar nicht gern.

Sprache untersuchen

Sagen, fragen, ausrufen

Merksatz

Damit man sich vorstellen kann,
wie jemand spricht, muss man bei einem Text
passende Verben benutzen, zum Beispiel:
sagen, antworten, flüstern oder fragen.

1 ✎ Kreise das passende Verb ein und schreibe es in die Lücke.

Lukas ist aus dem Boot ins Wasser gefallen.

Er (sagt, ruft, fragt) ruft : Hilfe!

Susi hat ihre Schere vergessen.

Sie (antwortet, schreit, fragt) ________________ :
Kann mir jemand eine Schere leihen?

Tim kommt zu spät zum Unterricht. Er geht zur Lehrerin

und (sagt, erkundigt sich, brüllt) ________________ :
Tut mir leid, ich habe verschlafen.

Sprache untersuchen

Punkt, Ausrufezeichen und Fragezeichen verwenden

Merksatz

Wenn man einen Satz in normaler Lautstärke spricht, setzt man am Ende einen **Punkt** .
Wenn man laut ruft oder schreit, dann kommt am Ende ein **Ausrufezeichen** !
Und weißt du, was man ans Ende setzt, wenn man etwas fragt? Ein **Fragezeichen** ?

1 Lies die Sätze laut.
Setze dann die passenden Satzzeichen ein.

Lisa und Tim spielen im Garten __.__

Lisa fragt: Darf ich mal deinen Ball haben ____

Tim antwortet: Na klar ____

Lisa schießt den Ball aus Versehen über die Mauer.

Tim schreit: Pass doch auf ____

Was kann ich nun?

Möchtest du wissen, was du nun alles kannst?
Löse die Aufgaben und finde es heraus!
Hinten ab Seite 59 kannst du nachschauen, ob du alles richtig gemacht hast.

Male in die leeren Kreise:
Ich fand die Aufgabe

leicht ☺

mittel 😐

schwer ☹

Werkstatt: Lernen

1 Tanze die Wörter und sprich dabei deutlich mit.

Haus	Winter	Blume	Esel
Gummi	Gorilla	Lesebrille	

2 Male die Silbenbögen unter die Wörter.
Sprich dabei die Silben leise mit.

Mond	Kugel	Sonne	schreiben
Bleistift	wunderbar	Kinderwagen	

3 Verbinde die Wörter mit dem passenden Silbenbogen.

Butter		Honig
Wurst	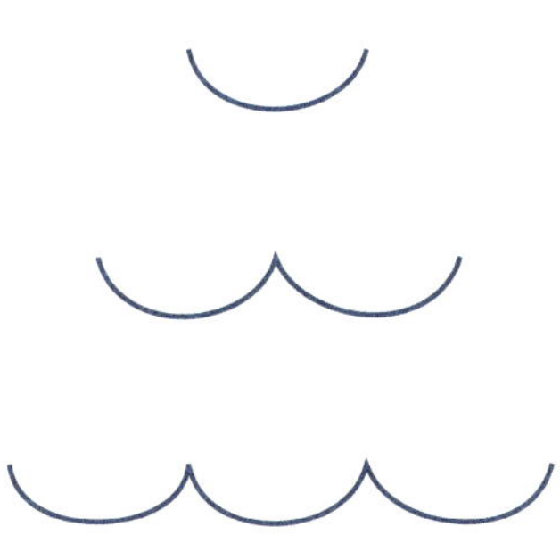	Banane
Käse		Brot
Salami		Brötchen

Werkstatt: Sprechen und Zuhören

1 ✎ Kreuze die richtigen Bilder und Sätze an.

Ich darf immer sprechen.

☐

Ich spreche, wenn ich dran bin.

☐

Ich melde mich, wenn ich etwas sagen möchte.

☐

Ich höre gut zu und schaue das Kind an.

☐

2 Male das Bild für die Regel aus, die dir gut gelingt.

3 Was ist richtig? Umrande das Bild rot.

4 ✎ Ergänze die zwei fehlenden Wörter.

leise	laut	Tafel	Wand	Kinder

Ich spreche ______________________ .

Ich sehe die ______________________ an.

Was kann ich nun?

Werkstatt: Texte verfassen

1 Finde ein Ende für die Geschichte.

1. Tim ist sehr zapplig.
2. Heute kommt sein kleiner Hund.
3. Tim hat ihn Mino genannt.
4. Von draußen hört Tim ______________________.
5. ______________________________________.

2 Ergänze die fehlenden Wörter im Steckbrief.

bunte	gelb	grün	reden	Lora

Papagei entflogen

Am Sonntag ist mein Papagei entflogen.

Er hat ______________________ Federn.

Sein Schnabel ist ______________________.

Die Schwanzfedern sind ______________________.

Er hört auf den Namen ______________________.

Er kann ______________________.

Wer ihn sieht, melde sich bitte bei ______________________

______________________________________.

Was kann ich nun?

Werkstatt: Richtig schreiben

1 Sprich die Wörter leise und male dabei Silbenbögen.

Auto Winter Krankenhaus Sonnenschein

Regenwetter Puppenwagen Wasserbälle

2 Fehlt ein Mitlaut oder fehlen zwei? Setze ein.

Ho____ e (s oder ss?)

Wi____ e (p oder pp?)

Schau____ el (f oder ff?)

Bä____ e (l oder ll?)

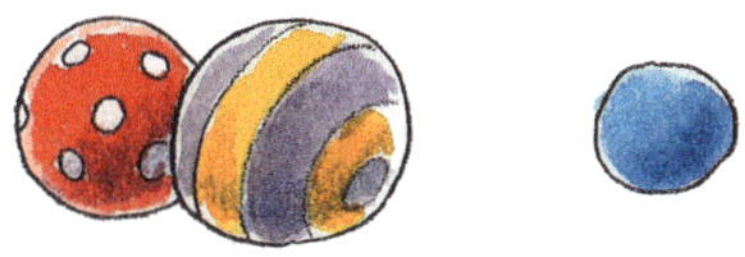

3 Verlängere die Wörter.
Setze dann den fehlenden Buchstaben ein.

Han____ : d oder t? verlängern ____________

Kor____ : b oder p? verlängern ____________

Zel____ : d oder t? verlängern ____________

Ban____ : g oder k? verlängern ____________

Was kann ich nun?

Werkstatt: Sprache untersuchen

1 ✎ Schreibe kleine oder große **Buchstaben** richtig dazu.

___ k   ___ g   H ___   T ___

R ___   P ___   ___ f   J ___

2 ✎ Schreibe deinen **Namen richtig**
mit großen und kleinen Buchstaben:

____

Schreibe den Namen eines Freundes richtig:

____

3 ✎ Finde die **Nomen** und schreibe sie
zum richtigen Begleiter.

Katze	mit	Bär	Haus	auf	rufen

die ___________ der ___________ das ___________

4 ✎ Schreibe das passende **Verb** auf.

lache
singen

Wir _______________ . Ich _______________ .

5 ✎ Schreibe das passende **Satzzeichen** in das Kästchen.

Hilfe ☐

Wo ist Ida ☐

Lösungen

Gesprächsregeln beachten 1

1 Verbinde die Regel mit dem richtigen Bild.

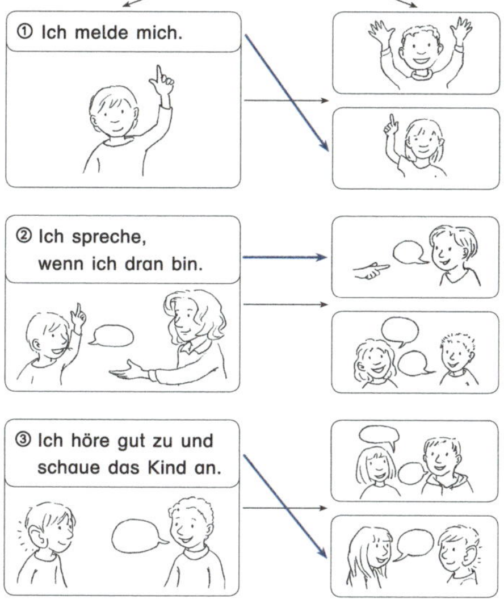

2 Beschreibe ein Regelbild. Dein Partner findet es in seinem Heft.

3 Malt beide das Bild an.

4 Nun tauscht: Dein Partner beschreibt und du hörst zu.

Gesprächsregeln beachten 2

1 Wer hält sich an die Regel? Verbinde das Kind mit dem Regelbild.

2 Beschreibe deinem Partner ein Kind aus dem Gesprächskreis.

3 Malt beide das Kind im Bild an. Nun tauscht.

Zu einem Bild schreiben

1 Du bist in einer fremden Stadt unterwegs.
Welche Schilder und Hinweise kannst du lesen?
Schreibe sie auf die Linien unter dem Bild.

Eisdiele, Getränke, WC, Kino, Pizza,
Imbiss, Schule, Rathaus, Bahnhof, Post,
Info, Polizei

2 Findest du die Maus?
Schreibe auf, wo sie sich versteckt hat.

Die Maus ist unter dem grünen Strauch rechts unten.

Einen Sachtext lesen

1 Lies den Text: **Wer bin ich?**
Zu welchem Bild passt der Text? Male es aus.
Schreibe den Namen des Tieres auf die Linie.

Wer bin ich?

Ich lebe meistens im **Wasser**.
Bei Sonnenschein sitze ich am Ufer.
Meine Haut ist **grün**.
Ich esse Fliegen und **Mücken**.
Ich kann gut **springen**, **schwimmen**
und **quaken**.

Ich heiße Frosch.

Selbstlaute erkennen 1

Merksatz

A/a, E/e, I/i, O/o, U/u sind Selbstlaute.

Ein Selbstlaut klingt von selbst schon toll, durch ihn wird jedes Wort erst voll.

1 ✎ Finde die Selbstlaute und kreise sie rot ein.

A B C D **E** F G H **I** J K L M

N **O** P Q R S T **U** V W X Y Z

2 ✎ Setze die passenden Selbstlaute ein.

Ameise — Oma

Elefant — U-Boot

Igel

3 ✎ Finde die Selbstlaute und kreise sie rot ein.

a b c d **e** f g h **i** j k l m

n **o** p q r s t **u** v w x y z

Richtig schreiben

Selbstlaute erkennen 2

1 ✎ Setze die fehlenden Selbstlaute ein.

Wal — Schaf

Huhn — Dino

Tiger — Hund

Vogel — Frosch

Zebra — Ente

Fisch — Floh

Kuh — Lama

Reh — Katze

Richtig schreiben

Mitlaute erkennen 1

Merksatz

Die meisten Buchstaben sind Mitlaute.

Ein Mitlaut klingt alleine schwach, mit einem Selbstlaut macht er Krach!

1 ✎ Finde die Mitlaute und kreise sie grün ein.

A **B** **C** **D** E **F** **G** **H** I **J** **K** **L** **M**

N O **P** **Q** **R** **S** **T** U **V** **W** **X** **Y** **Z**

2 ✎ Setze die fehlenden Mitlaute ein.

Bus — Nashorn

Heft — Tafel

Kerze — Zug

Wasser — Musik

Jäger — Finger

Richtig schreiben

Mitlaute erkennen 2

1 ✎ Finde die Mitlaute und kreise sie grün ein.

a **b** **c** **d** e **f** **g** **h** i **j** **k** **l** **m**

n o **p** **q** **r** **s** **t** u **v** **w** **x** **y** **z**

2 ✎ Setze die fehlenden Mitlaute ein.

Lama — Hase

Rabe — Feder

Hexe — Sofa

Tiger — Schere

Tafel — Kanu

Lupe — Löwe

Uhu — Boje

Krokodil — Auto

Richtig schreiben

Lösungen

Wörter in Silben zerlegen 1

In jeder Silbe, schau gut hin, ist garantiert ein Selbstlaut drin.

1 ✎ Kreise die Selbstlaute grün ein.

Di no	Pu ma	Ze bra
La ma	Kuh	Nas horn
Ka mel	Kro ko dil	Ti ger

2 ◡ Tanze die Wörter und male Silbenbögen darunter.
✎ Überprüfe anschließend: Ist in jeder Silbe ein Selbstlaut? Kreise ihn grün ein.

Wal	Fisch	Biber	Panda
Uhu	Igel	Esel	Elefant
Kakadu	Pinguin	Antilope	

Wörter in Silben zerlegen 2

In jeder Silbe, schau gut hin, ist garantiert ein Selbstlaut drin. Es können auch mal zwei sein, oder einer ganz allein.

1 ✎ Verbinde die passenden Silben zu einem Wort.

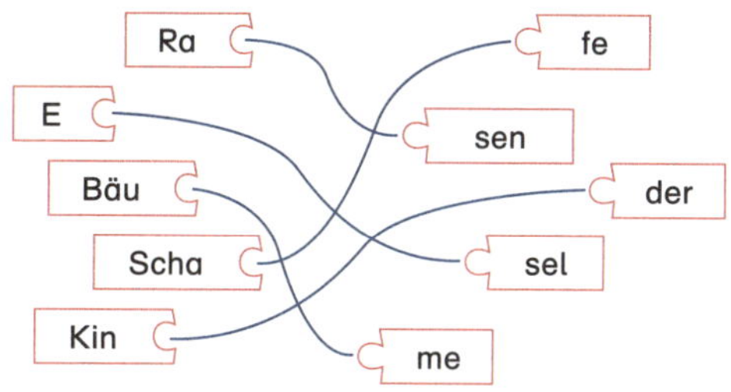

2 ✎ Schreibe diese Wörter auf.
◡ Male Silbenbögen darunter.

Rasen
Bäume
Kinder
Schafe
Esel

Wörter in Silben zerlegen 3

1 ◡ Male Silbenbögen unter die Wörter.
✎ Schreibe die Wörter in die passenden Gehege. Hake sie dann ab.

Zebra ✓	Känguru	Wolf
Bär	Kamel	Lama
Giraffe	Antilope	Elefant

Wörter in Silben zerlegen 4

1 ✎ Gib den Schiffen Namen. Der Name soll so viele Silben haben wie die Silben-Wellen unter dem Schiff.

Lösungen

Silben sprechen

Sprich beim Schreiben langsam mit, jede Silbe, Schritt für Schritt.

Merksatz
Wenn eine Silbe mit einem Selbstlaut aufhört, bleibt der Mund am Ende offen.

1 Sprich die folgenden Wörter. Achte auf deinen Mund.

Schnee Ki-no La-ma

Merksatz
Wenn eine Silbe mit einem Mitlaut aufhört, geht der Mund am Ende meistens zu.

2 Sprich die folgenden Wörter. Achte auf deinen Mund.

Schaf Arm kalt

3 Ist die Silbe offen oder geschlossen? Verbinde.

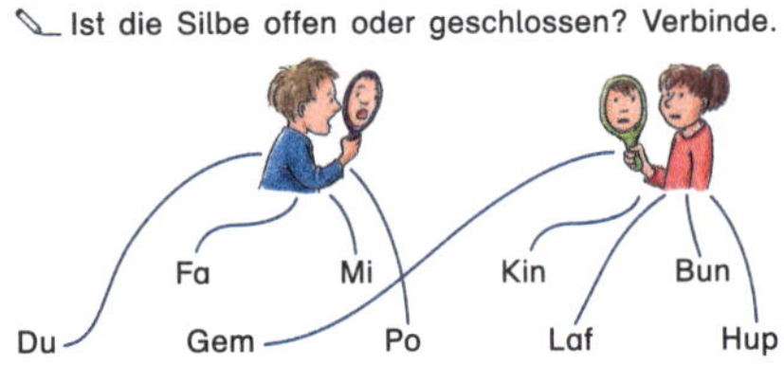

Richtig schreiben

Silben sprechen – Silben schreiben

Merksatz
Manchmal treffen sich in einem Wort zwei gleiche Mitlaute (ff, pp, mm, nn, ...). Wenn du genau mitsprichst, kannst du beide hören.

1 Sprich die Wörter langsam und deutlich. Male beim Sprechen die Silbenbögen.

Him mel Tel ler Wip pe

2 Fehlt ein Mitlaut oder fehlen zwei? Sprich deutlich mit. Schreibe dann einen oder zwei Buchstaben in die Lücke.

Ta f el (f oder ff?) 

Ke tt e (t oder tt?) 

Bri ll e (l oder ll?) 

Lu p e (p oder pp?) 

Richtig schreiben

Wörter verlängern 2

1 Verlängere das Wort.

2 Male Silbenbögen und schreibe dann das Wort.

Ber ___ : g oder k? 
verlängern Berge deshalb Berg

Kin ___ : d oder t? 
verlängern Kinder deshalb Kind

Die ___ : b oder p? 
verlängern Diebe deshalb Dieb

Hu ___ : d oder t? 
verlängern Hunde deshalb Hund

Schran ___ : g oder k? 
verlängern Schränke deshalb Schrank

Boo ___ : d oder t? 
verlängern Boote deshalb Boot

Richtig schreiben

Große und kleine Buchstaben verwenden 1

1 Verbinde: Welche Buchstaben gehören zusammen?

A G M W H N
h m a w n g

b e r d f t k p
E D F B P K R T

D R B Z W G A X J F S I L
b d w r z x j g a i l f s

D a e T u j G S p C N
A E d J t g U c n P s

Sprache untersuchen

Große und kleine Buchstaben verwenden 2

1 ✎ Ergänze den fehlenden großen oder kleinen Buchstaben.

B b	F f	G g	K k	L l
M m	D d	H h	E e	Z z
P p	R r	T t	A a	G g

D d	S s	H h	N n	P p
B b	W w	K k	M m	F f
G g	T t	A a	I i	E e

A a	K k	D d	M m	L l
Z z	G g	H h	R r	N n
R r	I i	B b	Z z	J j

Kontrolliere hier:

A a
B b
C c
D d
E e
F f
G g
H h
I i
J j
K k
L l
M m
N n
O o
P p
Q q
R r
S s
T t
U u
V v
W w
X x
Y y
Z z

Sprache untersuchen

37

Namen großschreiben

Merksatz

Namen für **Dinge**, **Tiere**, **Menschen**
sind sehr wichtig.
Schreib' sie **groß am Anfang**,
das ist richtig.

Sprache untersuchen

1 ✎ Schreibe deinen Namen nur in großen Buchstaben.

Beispiel: LUKAS

2 ✎ Schreibe nun deinen Namen richtig:
Nur der 1. Buchstabe wird großgeschrieben.

Lukas

3 ✎ Schreibe richtig mit großen und kleinen Buchstaben.

 TISCH

Tisch

 AUTO

Auto

 MAUS

Maus

 BAUM

Baum

38

Nomen finden

Merksatz

Namen für Dinge, Tiere, Menschen
nennt man Nomen.
Nomen schreibe ich am Anfang groß.

1 ✎ Nimm drei Klebezettel und suche Nomen in der Klasse.
Schreibe die Nomen richtig auf die Zettel und klebe sie auf die Dinge.

2 ✎ Kreise ein: Dinge grün, Tiere blau, Menschen rot

3 ✎ Schreibe das Nomen richtig in die Tabelle.
Streiche das Bild durch, wenn du das Nomen geschrieben hast.

Dinge	Tiere	Menschen
Auto	Maus	Zwerg
Heft	Hase	Kind
Bus	Igel	Oma
Hose	Elefant	Hexe

Sprache untersuchen

39

Nomen am Artikel erkennen

Merksatz

Nomen können Begleiter (Artikel) haben.
Begleiter sind: *der*, *die*, *das*

1 ✎ Schreibe die Nomen mit Begleiter richtig auf.

 der Käse

 die Banane

 das Brot

 das Eis

 die Kirsche

 der Apfel

2 👁 Schau dich um und finde vier Nomen.
✎ Schreibe sie richtig mit Begleiter auf.

das Fenster

Sprache untersuchen

40

Lösungen

Lösungen

Nomen in Einzahl und Mehrzahl verwenden

Merksatz

Nomen können einmal da sein:
die Hand **Einzahl**
Nomen können mehrmals da sein:
die Hände **Mehrzahl**

1 ✎ Schreibe die Nomen richtig hinter die Bilder.

Komische Tiere

das Haar	die Haare
der Stachel	die Stacheln
das Auge	die Augen
der Schwanz	die Schwänze
die Kralle	die Krallen
die Feder	die Federn

Sprache untersuchen

Nomen zusammensetzen

Merksatz

Wenn du etwas genau sagen willst,
kannst du zwei Nomen zusammensetzen.

der **Fuß** + der **Ball** = der **Fußball**

Dann hast du ein neues Nomen.
Nur der 1. Buchstabe wird großgeschrieben.
Alle anderen Buchstaben schreibst du klein,
dazwischen darf keine Lücke sein.

1 ✎ Setze die Nomen zusammen.

Hand + Ball = Handball
Feder + Ball = Federball
Schnee + Ball = Schneeball
Igel + Ball = Igelball

Sprache untersuchen

Nomen erkennen

Tipp

Diese Fragen helfen dir,
Nomen zu erkennen:
Ist es ein Name für ein Ding,
Tier oder einen Menschen?
Hat das Wort einen Begleiter?
Gibt es auch mehrere davon?

Auto
der die das

1 ✎ Schreibe die Wörter richtig mit großen und kleinen Buchstaben.

BALL Ball
UND und
HUND Hund
HAUS Haus
LAUFEN laufen

2 ✎ Schreibe den Satz richtig.
Du brauchst nur 2 große Buchstaben.
Es gibt zwei Nomen.

LUKAS NIMMT EINEN BALL.

Lukas nimmt einen Ball.

Sprache untersuchen

Verben erkennen

Merksatz

Verben sagen, was man **tun** kann.

1 ✎ Was wollen die Kindern in den Ferien tun?
Trage das passende Verb ein.

lesen hüpfen schwimmen bauen schlafen

Mia will lange schlafen.
Jan will hüpfen.
Timo will schwimmen.
Lina will lesen.
Leo will bauen.

2 ✎ Trage die passenden Verben ein.
Tipp: Es entstehen Reime.

lutschen kaufen pennen

Auf dem Spielplatz

Lia und Lea wollen rutschen,
Tom und Tino lieber ein Eis lutschen.

Nele und Niko wollen rennen,
Ben und Belo lieber im Zelt pennen.

Mats und Mia wollen eine Runde laufen.
Emil und Emma wollen eine Limo kaufen.

Sprache untersuchen

Verben in Sätzen verändern

Merksatz
Verben können sich verändern.

1 Trage die passenden Verben ein.
Auf dem Bild kannst du sehen, was passiert.

weint brummt

Die Biene summt. Die Sonne scheint.

Der Bär brummt. Das Baby weint.

2 Trage die passenden Verben ein.

spiele spielen spielt

Spielen ist toll.

Alle spielen gern.

Ich spiele am liebsten mit dem Ball.

Lina spielt am liebsten draußen.

3 Male und schreibe, was du gar nicht gern tust.

Ich ______________

____

gar nicht gern.

Sprache untersuchen

45

Sagen, fragen, ausrufen

Merksatz
Damit man sich vorstellen kann, wie jemand spricht, muss man bei einem Text passende Verben benutzen, zum Beispiel: *sagen, antworten, flüstern oder fragen.*

1 Kreise das passende Verb ein und schreibe es in die Lücke.

Lukas ist aus dem Boot ins Wasser gefallen.

Er (sagt, ruft, fragt) ruft: Hilfe!

Susi hat ihre Schere vergessen.

Sie (antwortet, schreit, fragt) fragt:
Kann mir jemand eine Schere leihen?

Tim kommt zu spät zum Unterricht. Er geht zur Lehrerin

und (sagt, erkundigt sich, brüllt) sagt:
Tut mir leid, ich habe verschlafen.

Sprache untersuchen

46

Punkt, Ausrufezeichen und Fragezeichen verwenden

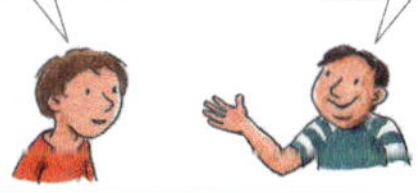

Merksatz
Wenn man einen Satz in normaler Lautstärke spricht, setzt man am Ende einen **Punkt** .
Wenn man laut ruft oder schreit, dann kommt am Ende ein **Ausrufezeichen** !
Und weißt du, was man ans Ende setzt, wenn man etwas fragt? Ein **Fragezeichen** ?

1 Lies die Sätze laut.
Setze dann die passenden Satzzeichen ein.

Lisa und Tim spielen im Garten .

Lisa fragt: Darf ich mal deinen Ball haben ?

Tim antwortet: Na klar .

Lisa schießt den Ball aus Versehen über die Mauer.

Tim schreit: Pass doch auf !

Sprache untersuchen

47

Was kann ich nun?

Möchtest du wissen, was du nun alles kannst?
Löse die Aufgaben und finde es heraus!
Hinten ab Seite 59 kannst du nachschauen, ob du alles richtig gemacht hast.

Male in die leeren Kreise:
Ich fand die Aufgabe
leicht ☺
mittel 😐
schwer ☹

Werkstatt: Lernen

1 Tanze die Wörter und sprich dabei deutlich mit.

Haus Winter Blume Esel
Gummi Gorilla Lesebrille

2 Male die Silbenbögen unter die Wörter.
Sprich dabei die Silben leise mit.

Mond Kugel Sonne schreiben
Bleistift wunderbar Kinderwagen

3 Verbinde die Wörter mit dem passenden Silbenbogen.

Butter, Wurst, Käse, Salami

Honig, Banane, Brot, Brötchen

Was kann ich nun?

48

Lösungen

Lösungen

Werkstatt: Sprechen und Zuhören

1 ✎ Kreuze die richtigen Bilder und Sätze an.

Ich darf immer sprechen. ☐

Ich spreche, wenn ich dran bin. ☒

Ich melde mich, wenn ich etwas sagen möchte. ☒

Ich höre gut zu und schaue das Kind an. ☒

2 ✎ Male das Bild für die Regel aus, die dir gut gelingt.

3 ✎ Was ist richtig? Umrande das Bild rot.

4 ✎ Ergänze die zwei fehlenden Wörter.

leise laut Tafel Wand Kinder

Ich spreche laut.

Ich sehe die Kinder an.

Was kann ich nun?

49

Werkstatt: Texte verfassen

1 ✎ Finde ein Ende für die Geschichte.

1. Tim ist sehr zapplig.
2. Heute kommt sein kleiner Hund.
3. Tim hat ihn Mino genannt.
4. Von draußen hört Tim ____.
5. ____.

2 ✎ Ergänze die fehlenden Wörter im Steckbrief.

bunte gelb grün reden Lora

Papagei entflogen

Am Sonntag ist mein Papagei entflogen.

Er hat bunte Federn.

Sein Schnabel ist gelb.

Die Schwanzfedern sind grün.

Er hört auf den Namen Lora.

Er kann reden.

Wer ihn sieht, melde sich bitte bei ...

____.

Was kann ich nun?

50

Werkstatt: Richtig schreiben

1 Sprich die Wörter leise und male dabei Silbenbögen.

Auto Winter Krankenhaus Sonnenschein
Regenwetter Puppenwagen Wasserbälle

2 ✎ Fehlt ein Mitlaut oder fehlen zwei? Setze ein.

Ho s e (s oder ss?)

Wi pp e (p oder pp?)

Schau f el (f oder ff?)

Bä ll e (l oder ll?)

3 ✎ Verlängere die Wörter.
Setze dann den fehlenden Buchstaben ein.

Han d : d oder t? verlängern Hände

Kor b : b oder p? verlängern Körbe

Zel t : d oder t? verlängern Zelte

Ban k : g oder k? verlängern Bänke

Was kann ich nun?

51

Werkstatt: Sprache untersuchen

1 ✎ Schreibe kleine oder große **Buchstaben** richtig dazu.

K k G g H h T t
R r P p F f J j

2 ✎ Schreibe deinen **Namen richtig** mit großen und kleinen Buchstaben:

____

Schreibe den Namen eines Freundes richtig:

____

3 ✎ Finde die **Nomen** und schreibe sie zum richtigen Begleiter.

Katze mit Bär Haus auf rufen

die Katze der Bär das Haus

4 ✎ Schreibe das passende **Verb** auf.

lache singen

Wir singen. Ich lache.

5 ✎ Schreibe das passende **Satzzeichen** in das Kästchen.

Hilfe [!]

Wo ist Ida [?]

Was kann ich nun?

52

Arbeitsplan
von

Arbeitsplan

Arbeitsplan

Schreibe auf,
was du schon geübt hast.
Mit den Smiley-Gesichtern
kannst du dich selbst einschätzen,
wie gut du etwas schon kannst.

Male in die leeren Kreise:
Ich fand die Aufgabe

leicht ☺
mittel 😐
schwer ☹

Seite	Wann?	Mit wem?	Kontrolliert von	☺ 😐 ☹
26	11.03.	allein	Frau Birkner	☺
39	21.03.	mit Magnus	Mama	😐

4				◯
5				◯
6				◯
7				◯
8				◯
9				◯
10				◯
11				◯
12				◯
13				◯

Arbeitsplan

Seite	Wann?	Mit wem?	Kontrolliert von	☺ 😐 ☹
14				
15				
16				
17				
18				
19				
20				
21				
22				
23				
24				
25				
26				
27				
28				
29				
30				
31				
32				
33				

Seite	Wann?	Mit wem?	Kontrolliert von	☺ 😐 ☹
34				
35				
36				
37				
38				
39				
40				
41				
42				
43				
44				
45				
46				
47				

Raum für Notizen: ______________________________

____

____

____

____

____

Arbeitsplan